Pas à Pas en arts plasti

GW01466369

Maisons

Élisabeth Doumenc

HACHETTE
Éducation

L'auteur

É lisabeth Doumenc, après des études de lettres et arts, est nommée institutrice en 1974.
Elle devient maître formateur dès 1979. En 1988, après avoir passé un CAFIMF en arts plastiques,
elle suit une formation mise en place au niveau national par Daniel Lagoutte (chargé de mission
auprès du ministre).
Elle occupe depuis 1989 le poste de conseillère départementale en arts visuels chargée de la formation
continue et initiale en Ariège.
Très active dans le monde de la recherche pédagogique, elle est membre de l'AGIEM. Elle collabore
à de nombreuses revues pédagogiques (*DADA, L'École libératrice, Échanges* de l'ANCP, publications
institutionnelles diverses…) et a publié différents ouvrages sur les arts visuels.

Élisabeth Doumenc poursuit parallèlement une carrière d'auteur de littérature de jeunesse.

Remerciements

*Je remercie les classes maternelles ariégeoises pour leur travail sur l'architecture
et en particulier celles de Saverdun, de Tarascon, de Montgailhard et de Saint-Lizier.*

Maquette intérieure et de couverture : Pascal Plottier

Réalisation et photogravure : Pascal Plottier

Crédits photographiques : E. Doumenc. Sauf **p. 22** : (c) Photo RMN / © Gérard Blot / © Adagp, Paris
2008 ; p. **23a** : (c) Photo CNAC/MNAM Dist. RMN / © Jean-François Tomasian / © Adagp, Paris 2008 ;
p. **23b** : (c) BPK, Berlin, Dist. RMN / © Jens Ziehe / « © Succession Picasso 2008 » ; p. **35a** : (c) Photo
CNAC/MNAM Dist. RMN / © Droits réservés / © Adagp, Paris 2008 ; p. **35b** : (c) Photo CNAC/MNAM
Dist. RMN / © Bertrand Prévost / © Adagp, Paris 2008 ; p. **36a** : (c) Photo RMN / © Hervé
Lewandowski / © Adagp, Paris 2008 ; p. **36b** : (c) Photo RMN / © Jean-Gilles Berizzi ; **p. 45** : (c) Photo
CNAC/MNAM Dist. RMN / © Droits réservés ; **p. 46** : © Paul Seheult/Eye Ubiquitous/CORBIS.

Pour Hachette Éducation, le principe
est d'utiliser des papiers composés de fibres naturelles,
renouvelables, recyclables, fabriquées à partir de bois
issus de forêts qui adoptent un système
d'aménagement durable.
En outre, Hachette Éducation attend de ses fournisseurs
de papier qu'ils s'inscrivent dans une démarche de
certification environnementale reconnue.

SOMMAIRE

Les activités d'arts visuels à la maternelle

LES PROGRAMMES OFFICIELS

OBJECTIFS DE L'ENSEIGNEMENT DU DOMAINE

L'école maternelle installe et développe chez l'enfant une pratique créative à partir de situations qui sollicitent son imagination, l'amènent à exercer sa capacité d'invention, à enrichir ses formes d'expression. Dans les activités proposées, l'enfant explore et exerce différents langages plastiques (dessin, peinture, collage, fabrication d'objets et d'images…). […] Les situations mises en place visent à faire acquérir des compétences fondamentales : ajuster ses gestes en fonction d'une intention, percevoir et reconnaître les effets plastiques obtenus, modifier et affiner son action. Ainsi l'enfant acquiert progressivement une palette de savoirs et de savoir-faire élaborée dans le va-et-vient dynamique entre jeu et effort, liberté et contrainte.

La constitution d'une première culture artistique dans ce domaine s'opère au travers des rapprochements entre les productions des élèves et les œuvres d'art introduites sous différentes formes. […] Les œuvres et les artistes proposés viennent en appui d'une expérience concrètement vécue. […] Dans la conduite de chacune des activités, l'expression orale joue un rôle essentiel.

Trois domaines distincts dont il faut tenir compte dans une programmation sur l'année et pour chaque séquence

● **Faire** : se confronter à des matériaux, des supports, des outils, les combiner, expérimenter des techniques, les exploiter de façon réfléchie, inventer des procédés.
● **Regarder** : connaître des œuvres d'art, comparer ses propres procédés avec ceux des artistes, mettre en relation les œuvres entre elles.
● **Évaluer** : se donner des critères d'appréciation des réalisations, les valoriser, les exposer.

Et un domaine transversal, celui du langage

● **S'exprimer** : évoquer les matériaux, les outils, les médiums, les procédés utilisés, constater les effets produits, exprimer les sensations éprouvées, mettre en relation son travail avec celui des artistes.

Points du programme traités dans cette séquence

● **Le dessin :**
L'adulte aide l'enfant à dépasser les stéréotypes en favorisant les échanges et l'observation des diverses productions.

● **Les compositions plastiques**
Au-delà des réalisations graphiques, les élèves découvrent d'autres procédés techniques d'expression, de fabrication et de manipulation des formes, en deux ou trois dimensions : peinture, papiers collés, collage en relief, assemblage, modelage, etc.

● **Les collections et les musées**
Les œuvres qui sont données à voir et à comprendre permettent de faire les liens avec les réalisations des enfants. Elles ménagent l'ouverture à la diversité des expressions artistiques, des techniques, des formes et aux cultures du monde.

● **Les activités de création et le langage oral**
Le langage oral qui accompagne l'action permet la mise en mots et l'objectivation de l'expérience. Les activités de création offrent à l'élève des situations où s'associent les désirs de faire, voir, penser et dire.

L'ÉLABORATION DE CONCEPTS À L'ÉCOLE

LES ARTS VISUELS COMME LES AUTRES DISCIPLINES ÉLABORENT DES CONCEPTS

L'école vise, chez l'enfant, l'élaboration à long terme de concepts. Il faut donc développer chez lui la faculté d'abstraire, de généraliser, de passer de situations concrètes variées à une « *représentation mentale abstraite* ».

La plupart des concepts (le temps, l'espace, la couleur, le volume…) se travaillent dans plusieurs domaines d'activités.

Par exemple, le concept d'espace se met en place à partir d'activités impulsées, entre autres, en éducation physique où l'on explore avec son corps des lieux différents (coin-jeux, cour, gymnase, stade…) par des exercices spécifiques : parcours, jeux, etc.

Dans le domaine « Découvrir le monde », on passe à des représentations intellectuelles : l'espace est figuré par une photographie, un dessin ; on découvre sa forme, sa grandeur.

Chaque discipline isole des notions précises qui vont permettre la construction du concept.

LES NOTIONS BÂTISSENT LES CONCEPTS

LA NOTION

La notion, « *branche élémentaire du savoir* », recouvre un contenu spécifique à la discipline. Si, dans le domaine « Découvrir le monde », on a cherché à asseoir des notions comme la forme ou la grandeur (voir le paragraphe « Découvrir les formes et les grandeurs » des programmes), les arts visuels vont en travailler d'autres comme :

● les espaces différents à investir (par exemple, par des installations) ;
● les procédés de présentation dans un format donné (compositions) ;
● les procédés de représentation dans la feuille (point de vue, cadrage).

En arts visuels, les notions concernent essentiellement les composants plastiques :
● **forme,**
● **couleur,**
● **matière,**
mais aussi leur mode de fonctionnement et d'organisation dans une production.

Une notion ne se construit pas seule, mais en opposition avec son contraire puis en relation avec d'autres qui la complètent et l'affinent.

Par exemple, la notion de maison ou d'intérieur s'oppose à celle d'extérieur puis se précise avec ses caractéristiques :
– sa représentation vue de dehors comme espace clos, intime et protégé ;
– la figuration de ce qu'elle contient, les personnes qui y vivent et les objets du quotidien ;
– les éléments principaux qui composent son architecture ;
– les matériaux qui la construisent ;
– les ouvertures, portes et fenêtres qui permettent des découvertes et des passages de l'extérieur vers l'intérieur et vice versa ;
– le paysage urbain ou rural qui l'entoure.

On peut jouer dans une composition avec une ou plusieurs caractéristiques : figurer d'abord une maison bien fermée puis ménager des ouvertures qui permettent de découvrir son intérieur.

Les opérations plastiques sont les actions à mener pour explorer une notion.

Ainsi, pour **représenter une maison**, on peut :
- la photographier ;
- la dessiner et la colorier ;
- la peindre directement ;
- la dessiner et ajouter des éléments collés ;
- la figurer et ménager des ouvertures ;
- la composer en relief en assemblant des matériaux hétéroclites ;
- exploiter un volume tout prêt comme une boîte en carton.

Les consignes de travail doivent être largement ouvertes pour impulser de véritables recherches de la part des enfants et une multitude d'effets produits, souvent imprévus. Rappelons que les trouvailles sont les démarches les plus riches à exploiter.

NOTION ET CYCLE

La notion n'est pas spécifique à un cycle donné. Ce sont les opérations plastiques qui seront adaptées à l'âge des élèves.

Par exemple, la notion de maison peut se traiter lors des trois niveaux.

Au cycle 1
- Collecter des images de maisons : les trier, les classer, les comparer.
- Dessiner et peindre des maisons.
- Découvrir les matériaux qui les bâtissent en les explorant par le toucher : briques, tuiles, crépi des murs…
- Observer des maisons différentes dans l'environnement immédiat de l'école.
- S'intéresser aux objets du quotidien qu'elles renferment.
- Jouer avec une maison de poupée.

Au cycle 2
- Réfléchir au symbolisme de la maison.
- Traduire l'intimité, le monde clos de cet espace.
- Comprendre le rôle ambivalent des ouvertures.
- L'observer pour la représenter avec plus de réalisme.
- Apprécier ses différences architecturales.
- Associer plusieurs maisons pour former une structure plus complexe : le village.
- Construire des architectures imaginaires avec des matériaux hétéroclites.

Au cycle 3
- Photographier des maisons sous plusieurs angles, et en gros plan des éléments remarquables de leur architecture.
- Comprendre l'identité, la fonction et l'usage de quelques bâtiments urbains.
- Différencier le bâti ancien du récent.
- Découvrir le métier d'architecte.
- S'intéresser à l'histoire d'un bâtiment du patrimoine local :
– sa construction ;
– sa fonction à travers le temps ;
– son utilisation actuelle.
- Constater les différences des habitats dans le monde.

Il est donc impossible de dresser une liste des notions à étudier par cycle, mais on peut tenter d'en repérer quelques-unes particulièrement intéressantes.

LES CONCEPTS

Le concept d'espace

Notions :
Matériaux (supports, outils, médiums)
Fond/forme
Découpe (détacher une forme sur un fond)
Délimitation de formes par le contour, le cerne
Délimitation des formes/intervalles
Copie
Série
Déformation
Transformation

Espace clos/espace ouvert
Organisation interne des constituants plastiques :
    dispersion/concentration
    vide/plein
    statisme/dynamisme
    ordre/désordre

Point de vue
Cadre/hors-cadre
Mise en scène
Profondeur
Mouvement
Illustration
Narration

Le concept de volume

Notions :
Matériaux et liants
Aplat/demi-relief
Demi-relief/ronde-bosse
Plein/vide
Ombre/lumière
Plasticité ou non du matériau
Socle
Matières et textures
Mobile/immobile
Le monumental
L'éphémère
L'installation *in situ*
Les gestes du sculpteur

Le concept de couleur

Notions :
Couleur/valeur
Couleur/saturation
Couleurs/contrastes
Couleurs/nuances
Opacité/transparence
Fluidité/épaisseur
Relations entre les couleurs
Couleurs et rythmes
Ombre/couleur
Matières et textures
Les gestes du peintre

LES OPÉRATIONS PLASTIQUES

Ce sont des actions d'exploration, de manipulation d'un objet, d'une matière, d'une image. Elles sont vécues (surtout par les plus jeunes) comme des jeux où l'on éprouve tout simplement le plaisir de faire, l'étonnement ou l'émerveillement de produire des effets non escomptés.
Elles seront nombreuses et variées si la sollicitation de départ encourage l'expérimentation, plus restreintes et mieux ciblées si le point de départ est une consigne pour des exercices d'approfondissement.

Prenons pour exemple une séance dont l'objectif de l'enseignant est de travailler la notion d'ouverture. Selon le projet de l'enfant (réaliser une fenêtre) et les matériaux et outils dont il dispose, il pourra :

● **tracer une fenêtre** à main levée sur son dessin ;
● **se servir d'un pochoir** carré ou rectangulaire pour guider son tracé ;
● **découper des bandes de papier** et les coller pour figurer le cadre ;
● **coller un morceau de papier** pour matérialiser l'ouverture ;
● **coller une image** de fenêtre ;
● **plier une feuille de papier** pour fabriquer des fenêtres à volets ;
● **trouer, inciser, évider**
pour obtenir le cadre de la fenêtre

Puis
● **dessiner des rideaux** et les colorier ;
● **découper du papier**, du tissu et coller les matières ;
● **ajouter** ce que l'on peut apercevoir par la fenêtre ;
● **glisser un collage** ou un dessin sous l'ouverture ;
pour entrouvrir un passage vers l'intimité de la maison.

Si la séance suivante a pour consigne « Ouvre l'espace intérieur de la maison vers l'extérieur », il devra :
● **imaginer un paysage** ;
● **le dessiner** ;
● **le colorier ou le peindre** ;
● **choisir une photographie** ;
● **découper des éléments** différents dans des images ;
● **les associer, les coller** pour reconstituer un paysage ;
● **le mettre en relief** avec des matériaux ;
● **fabriquer un cadre** de fenêtre ;
● **prévoir ou non des volets** ;
● **glisser le paysage sous le cadre** ;
● **le fixer**.

LES OPÉRATIONS PLASTIQUES

Les types d'opérations les plus courantes sur des images, des objets ou des textures ont leurs techniques propres et leurs effets. Elles sont rarement menées seules et se complètent naturellement au fur et à mesure du travail.

Pour associer
(des images, par exemple)

on juxtapose
on imbrique
on superpose
on relie
on unifie

ou

on intercale
on intervertit
on oppose

Pour transformer
(une production, par exemple)

on corrige
on déforme
on mouille
on froisse
on change de technique
on ternit
on rend transparent
on opacifie
on éclaircit
on fonce
on ajoute ou on ôte des éléments
on modifie l'échelle
on fragmente
on met à plat ou en relief

Pour isoler
(un détail, par exemple)

on contraste
on recadre
on souligne
on accentue
on signale
on particularise
on détache du fond
on grossit

Pour reproduire
(une forme, par exemple)

on dessine
on décalque
on imprime
on utilise un pochoir
on en fait un frottage
on photocopie
on photographie

Les opérations plastiques devront être verbalisées, nommées précisément lors de courtes synthèses, afin que l'élève intègre d'autant mieux ces acquisitions et ancre le vocabulaire spécifique.

Elles se prolongent et s'enrichissent dans une pratique orale de la langue, conformément à l'esprit des programmes.

UNE CONCEPTION
QUI PREND EN COMPTE PLUSIEURS NIVEAUX

UN ORGANIGRAMME SUR L'ANNÉE AVEC LA PRÉVISION DES CONTENUS

L'enseignant se réfère aux objectifs généraux :
- **faire** (opérations plastiques) ;
- **regarder**, comparer, connaître (domaine culturel) ;
- **s'exprimer**, être créatif ;
- **apprécier**.

Il veille à ce que, dans l'année, les élèves dessinent, peignent, mettent en volume, engrangent des images. Pour chaque demi-trimestre, il organise des séquences pour faire acquérir des notions, développer des comportements.
Pour chaque séquence, il détermine un nombre supposé de séances.

Bien entendu, dans une discipline qui privilégie l'imprévu et l'exploitation des trouvailles, tout ne peut être cadré, bouclé ou enchaîné sans courir le risque de s'enfermer dans un programme strict où l'aventure n'a pas sa place. Le programme de l'école maternelle n'est pas encadré par un horaire contraignant. Mais une préparation sérieuse est la garantie de se donner un fil conducteur, des repères d'efficacité. L'année scolaire passe vite et les apprentissages à construire sont multiples !
À l'enseignant de juger si une séance de relance est indispensable, nécessaire ou facultative en fonction des acquis de sa classe. Il faut savoir parfois écourter une séquence qui engendre la lassitude pour prendre une piste imprévue mais séduisante.

LA PRIORITÉ À ACCORDER À LA MAÎTRISE DU LANGAGE

En accueillant des enfants de plus en plus jeunes, l'école maternelle a fait du langage oral l'axe majeur de ses activités. L'apprentissage du langage va se faire dans toutes les disciplines qui supposent, elles aussi, des échanges verbaux de qualité, et sont l'occasion de développer, chez chaque enfant, les compétences de communication que leur mise en œuvre exige. L'enseignant doit donc se soucier d'intégrer dans la séquence d'arts visuels la place qui revient à ce domaine transversal : lire, parler et, pour les plus grands, écrire.

Parler	Lire (GS)	Écrire (GS)
● Utiliser le lexique spécifique des arts visuels, le structurer et l'augmenter en situation de synthèse (après avoir pratiqué des opérations plastiques). ● Exprimer des constats sur sa production. ● Parler avec des images : comparer les procédés des artistes et les mettre en relation avec ceux utilisés par la classe.	● Mettre en relation l'objet, le dessin et le mot. ● Identifier des mots. ● Observer la part du texte et de l'image dans des écrits (guide pour une exposition, affiche, catalogue…).	● Écrire des mots du lexique des arts visuels : le nom des couleurs, d'un artiste, d'un outil… ● Dicter à l'adulte un court texte (une phrase, un titre) sur sa production ou sur une œuvre d'art.

« LES ACTIVITÉS ARTISTIQUES ENTRETIENNENT DE NOMBREUX LIENS AVEC D'AUTRES DOMAINES. »

Les **activités graphiques** facilitent la maîtrise de l'écriture ; l'articulation avec l'activité physique est évidente (le corps et le geste).
Les activités du domaine « Découverte du monde » sont propices à de multiples pistes de travail en arts visuels, notamment celles qui développent les aptitudes sensorielles, la structuration de l'espace et la découverte des formes.

Mais ce serait une erreur que de vouloir enrichir les arts visuels par une mise en relation avec tous les autres domaines enseignés à l'école.
S'il est judicieux, chaque fois que faire se peut, de compléter ou de vérifier l'acquisition d'une notion dans un autre domaine (il est, par exemple, tout à fait possible de prolonger la découverte de la maison par l'étude de ses matériaux de construction dans le cadre de la découverte du monde), l'utiliser systématiquement dans tous les autres domaines, sous prétexte de donner une unité à son enseignement, ne peut qu'engendrer monotonie et perte de sens.
Il faut savoir tisser des liens, jeter des passerelles sans jamais les alourdir.

SCHÉMA D'UNE SÉQUENCE

Ce schéma reprend le schéma circulaire développé par Daniel Lagoutte dans *Enseigner les arts visuels* (voir la bibliographie en fin d'ouvrage).

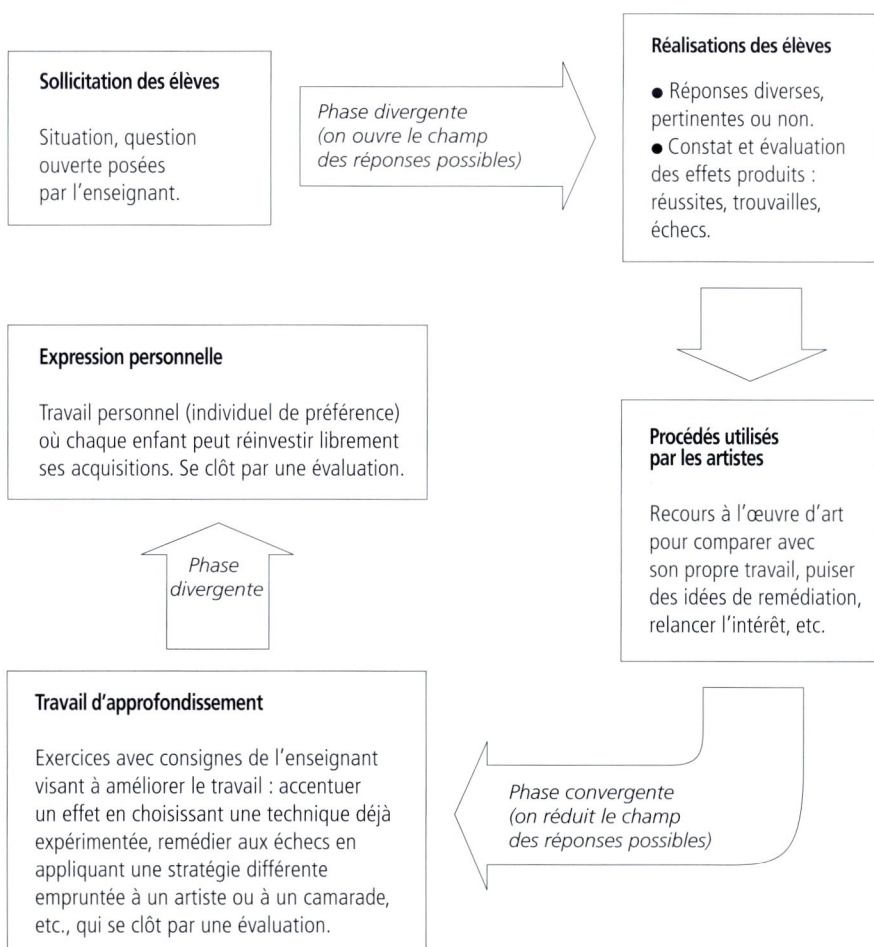

Sollicitation des élèves

Situation, question ouverte posées par l'enseignant.

Phase divergente (on ouvre le champ des réponses possibles)

Réalisations des élèves

- Réponses diverses, pertinentes ou non.
- Constat et évaluation des effets produits : réussites, trouvailles, échecs.

Procédés utilisés par les artistes

Recours à l'œuvre d'art pour comparer avec son propre travail, puiser des idées de remédiation, relancer l'intérêt, etc.

Expression personnelle

Travail personnel (individuel de préférence) où chaque enfant peut réinvestir librement ses acquisitions. Se clôt par une évaluation.

Phase divergente

Travail d'approfondissement

Exercices avec consignes de l'enseignant visant à améliorer le travail : accentuer un effet en choisissant une technique déjà expérimentée, remédier aux échecs en appliquant une stratégie différente empruntée à un artiste ou à un camarade, etc., qui se clôt par une évaluation.

Phase convergente (on réduit le champ des réponses possibles)

SOLLICITATION DES ÉLÈVES

À l'enseignant de choisir un objet de sollicitation qui intéresse et motive ses élèves en fonction des objectifs de son enseignement mais aussi en fonction de ses goûts personnels. On ne fait bien partager que ce que l'on aime.

LA SOLLICITATION A POUR BUT D'ACCROCHER L'INTÉRÊT

La sollicitation peut tirer parti :
● d'un événement exceptionnel de la vie de la classe (une visite chez le potier, au musée…) ;
● d'un apport d'un enfant (un objet curieux rapporté d'un voyage…) ;
● d'un phénomène fortuit (la neige tombée, transformant le paysage familier…) ;
● de la lecture d'un conte ;
● d'un sujet d'étude d'une autre discipline (notamment du domaine « Découverte du monde ») pour le prolonger, servir un projet d'école (peindre le mur de la cour, concevoir un décor de théâtre…).

LES ENTRÉES SONT DONC MULTIPLES

● Par la technique (proposer de peindre, de dessiner, d'imprimer…).
● Par l'objet (à découvrir sensoriellement, à collecter).
● Par une opération plastique (modeler, assembler, réunir, souder).
● Par le matériau (explorer ses possibilités).
● Par l'imaginaire (imaginer le monstre d'un conte lu en classe).

L'enseignant propose une situation ouverte qui donnera lieu à divers questionnements, donc à des réponses variées. Il prévoit par avance, pour chaque séance, les matériaux et outils, l'organisation du travail (individuel ou en groupe), le temps à consacrer, les consignes à donner.

RÉALISATIONS DES ÉLÈVES

Les enfants répondent à la situation par un ensemble de solutions pertinentes ou non. Ils cherchent, ils s'investissent, ils échangent.

L'enseignant les encourage, les guide, les stimule pour aller plus loin, les provoque parfois.

L'enseignant ménage des moments de synthèse : il donne à voir à l'ensemble de la classe le travail de chacun, il fait verbaliser les actions entreprises, constater les effets produits, mettre en relief les trouvailles, expliciter les échecs et formuler des hypothèses de remédiation.

Il fait mettre en relation les productions en demandant :
● des tris par effets différents ;
● des rapprochements (celles qui ont obtenu le même effet mais avec des opérations différentes) ;
● des oppositions.

Il laisse s'exprimer les enfants, reprend les formulations incorrectes, veille à ce que chacun soit écouté, ancre le vocabulaire plastique dans une situation langagière qui a du sens.

LA CONFRONTATION AVEC LES ŒUVRES D'ART

L'enseignant choisit un petit nombre d'œuvres (des reproductions grand format, des diapositives...) pour les donner à regarder aux élèves en appui d'une expérimentation concrètement vécue par la classe. Il peut puiser, au niveau national, dans la liste indicative des œuvres publiées par le ministère de l'Éducation nationale, ou, au niveau local, dans la liste établie au sein de chaque académie. Il peut également inviter ses élèves à découvrir et observer des sources documentaires variées : BCD, artothèques, logiciels éducatifs, Internet pour la grande section, etc.

Le choix s'effectue en fonction, non pas d'un sujet commun (si les enfants ont travaillé le thème de la maison, on ne va pas réunir des œuvres qui comportent uniquement des maisons surtout si elles font appel à des techniques peu adaptées aux possibilités des enfants) mais des procédés (semblables ou différents) employés par les artistes. Ce sera une huile de Camille Pissarro où les maisons à peine esquissées se fondent dans le paysage, une composition de Paul Klee où elles sont dessinées avec des détails précis et juxtaposées sans perspective, une toile de Chaïm Soutine où elles sont brossées rapidement et déformées, des œuvres de Pierre Bonnard, Pablo Picasso et Raoul Dufy qui traduisent leur espace intérieur.

Les élèves comparent leurs procédés avec ceux des artistes, puisent des idées pour agir à leur tour.

Montrée trop tôt, en début de séquence, l'œuvre d'art risque d'être modélisante. Cependant, elle est parfois présentée en phase de sollicitation lorsque les arts visuels sont reliés au patrimoine culturel du passé ou qu'elle sert de support à des activités de langage.

APPROFONDISSEMENTS

La consigne est ici plus stricte. Il s'agit de réinvestir les constats effectués sur son propre travail, celui des camarades et celui des artistes.
Ces activités exigent une attention soutenue de la part de l'élève qui applique des consignes plus précises et de la part de l'enseignant qui guide, conseille, rectifie. L'organisation en ateliers (de 6 à 8 participants) permet à chaque enfant d'acquérir ou de renforcer un savoir ou un savoir-faire dans des conditions matérielles satisfaisantes.

Si l'on a travaillé librement avec les outils de son choix pour rechercher comment réunir plusieurs maisons en un village et que l'on a constaté comment procédaient les artistes, la séance qui suit a pour but de relancer l'action de façon plus dirigée avec une consigne plus précise qui tend à induire des productions convergentes.
Par exemple : « Juxtapose des maisons sur un axe horizontal. »
Ou « Dessine des maisons et trace des chemins pour les relier. »

EXPRESSION PERSONNELLE

À CHACUN SA PISTE

Voici une phase essentielle de la séquence et pourtant le plus souvent supprimée par manque de temps.

Les enfants ont expérimenté des opérations plastiques en vue de produire un effet, ils ont découvert des procédés (ceux de leurs camarades, ceux des artistes), ils en ont approfondi quelques-uns.

Il faut leur offrir l'occasion de réinvestir leurs acquis, d'assouvir leur envie d'agir pour leur propre compte, de ne plus avoir de remords.

La séance a pour but de permettre :
- à la plupart, d'essayer, en reprenant leurs travaux, d'autres opérations pour une expression plus aboutie ;
- à certains, d'aller plus loin, d'être créatifs, de trouver un sujet, de choisir un format, des matériaux, des outils, des techniques (peut-être une combinaison de plusieurs procédés ou un procédé personnel) et, pourquoi pas, de transgresser les consignes.

L'ÉVALUATION

C'est à l'enseignant de choisir ce qu'il va évaluer, comment et pourquoi.

COMPÉTENCES TRANSVERSALES

Relatives aux attitudes
- La construction de la **personnalité**, l'acquisition de l'**autonomie** et l'apprentissage de la **vie sociale**

Dans un milieu différent du milieu familial, l'enfant continue de construire sa personnalité et découvre la vie collective.

Par exemple, lors des séances de réalisation ou lors des moments d'expression personnelle, l'enseignant observe, pour un petit nombre d'enfants :
- s'ils travaillent individuellement, à deux ou préfèrent en groupe ;
- s'ils écoutent les autres et tiennent compte de leurs idées ;
- s'ils prennent des décisions et s'y tiennent ;
- s'ils trouvent des idées originales ;
- s'ils acceptent d'expérimenter (s'ils sont curieux).

- Le **désir de connaître** et l'**envie d'apprendre**

S'ils acceptent des contraintes pour acquérir des savoirs nouveaux, s'ils observent, s'ils questionnent, s'ils verbalisent ce qu'ils ont compris.

Relatives à la construction des concepts fondamentaux d'espace et de temps

L'enseignant peut noter comment certains organisent leur temps et gèrent leur espace de travail.

Relatives aux compétences méthodologiques
- La **mémoire**

L'enfant utilise sa mémoire à partir de situations familières.

À l'occasion du rappel d'une activité menée plusieurs fois avec des variantes (par exemple, un atelier pour modeler une boule, puis une galette, puis une plaque), l'enseignant peut être attentif à la pertinence du vocabulaire plastique et contrôler si l'enfant a engrangé des images et des procédés plastiques.

- Les **méthodes de travail**

L'enseignant apprécie l'effort de chacun pour participer à un projet, pour respecter l'organisation de la classe et des ateliers, pour rendre un travail soigné.

Relatives à la maîtrise du langage
● **Parler**
– S'ils utilisent le lexique spécifique aux arts visuels.
– S'ils savent décrire une expérimentation (les opérations plastiques mises en œuvre, les outils, les supports, les matériaux).
– S'ils peuvent évoquer des faits, des sensations en relation avec l'expérience menée.
– S'ils sont capables de présenter et de parler de leur production.
– S'ils écoutent les autres parler de la leur.
– S'ils savent constater les effets produits dans leur travail, dans celui des autres.
– S'ils expriment leurs sensations devant une image, une œuvre.
– S'ils écoutent les autres raconter leurs sensations.
– S'ils trouvent des liens ou des différences entre leur production et les œuvres d'art présentées par l'enseignant.
Par exemple, lors de la synthèse des réalisations des enfants, moment qui se prête bien à un temps d'évaluation, l'enseignant donne des critères de tri qui conduiront l'élève à faire des choix, à les expliciter, à les mettre en relation avec la consigne de départ.

Les réalisations étant données à voir (affichage simple ou présentation au sol), elles vont être sélectionnées selon des critères de plus en plus complexes :
– celles qui n'ont pas respecté la consigne ;
– celles qui ont respecté la consigne mais qui n'ont pas obtenu l'effet escompté (pourquoi ?) ;
– celles qui n'ont pas respecté la consigne et ont obtenu un effet (prévu ou non) ;
– celles qui ont respecté la consigne et ont obtenu des effets à classer suivant leur degré d'accomplissement (mettre ensemble des travaux allant dans le même sens), leurs différences (opposer des réalisations), etc.

COMPÉTENCES SPÉCIFIQUES QUI RECOUVRENT DES SAVOIRS ET DES MÉTHODES

L'élève doit être capable de :
● adapter son geste aux contraintes matérielles (outils, supports, matières) ;
● surmonter une difficulté rencontrée ;
● tirer parti des ressources expressives d'un procédé et d'un matériau donnés ;
● exercer des choix parmi des procédés et des matériaux déjà expérimentés ;
● utiliser le dessin comme moyen d'expression et de représentation ;
● réaliser une composition en plan ou en volume selon le désir d'expression ;
● reconnaître des images d'origines et de natures différentes ;
● identifier les principaux constituants d'un objet plastique (image, œuvre d'art, production d'élève…) ;
● établir des rapprochements entre deux objets plastiques (une production d'élève et une reproduction d'œuvre, par exemple) sur le plan de la forme, de la couleur, du sens ou du procédé de réalisation ;
● dire ce qu'on fait, ce qu'on voit, ce qu'on ressent, ce que l'on pense ;
● agir en coopération dans une situation de production collective.

Séquence
« Arts visuels »

Autour du thème de la maison

OBJECTIFS VISÉS :

- **Exploiter un thème symbolique**
- **Enrichir les stéréotypes**
- **Développer l'observation**
- **Mettre en œuvre des moyens de représentation différents : dessin, photographie, peinture, volume**
- **Acquérir des notions d'architecture**
- **Connaître et comparer des démarches d'artistes**
- **Se constituer une culture artistique**
- **Suivre son propre chemin de création**

SOLLICITATION DES ÉLÈVES

RÉFLÉCHIR SUR LE SYMBOLISME DE LA MAISON

L'enseignant lit ou relit à la classe l'histoire des *Trois Petits Cochons*. À la fin du conte, il demande aux enfants pourquoi il était important de construire une maison solide. En s'aidant des illustrations de l'album, il fait énumérer les matériaux de chaque maison (de la paille pour la plus légère, du bois pour la deuxième et des pierres pour la plus résistante) et la structure de chaque construction.

Les cochons se sont enfin débarrassés du loup et ils vont pouvoir vivre tranquillement dans la maison en pierres. À quoi va-t-elle leur servir ?

Laisser les élèves s'exprimer sur les fonctions et l'importance de la maison.

Elle protège ceux qui l'habitent de la pluie, du froid, de la chaleur, du bruit ; elle accueille des espaces aménagés pour manger, se laver, dormir, jouer…

C'est le moment de la faire dessiner puis de rassembler toutes les réalisations pour les donner à voir à l'ensemble de la classe.

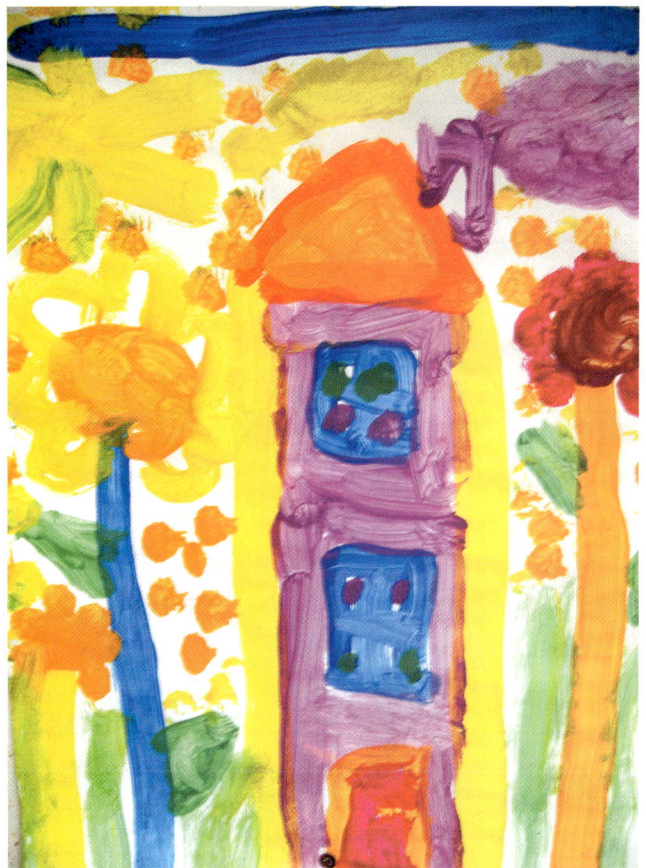

Faire constater les similitudes des réalisations. En général, les maisons des enfants ont des toits pointus, des fenêtres en croix, des cheminées qui fument et qui suivent la pente du toit, un paysage extérieur avec des fleurs, des arbres, des papillons, un chemin d'accès.

Insister sur les différences : des maisons avec ou sans cheminée, élancées ou trapues, avec des fenêtres symétriques ou non, d'une ou de plusieurs couleurs.

RÉALISATIONS DES ÉLÈVES

LA FENÊTRE

Opérations plastiques
- Tracer, dessiner
- Suivre un contour, répéter
- Cloisonner, coller

Observer les maisons du quartier ou à défaut des images de maisons. Les fenêtres sont des éléments qui accrochent l'intérêt des enfants. Leur organisation, leurs formes et leurs dimensions sont rarement semblables d'une façade à l'autre. Le plus souvent rectangulaires ou carrées, elles déclinent une multitude de variations. Les croisées qui les divisent, les bâtis qui les structurent, les volets, les persiennes, les rideaux qui les occultent, les rebords ou les balcons qui les prolongent sont autant de marques distinctives.

Demander aux élèves de dessiner sur une feuille de papier une fenêtre de leur choix. Les laisser s'inspirer de leurs observations.
Mettre à disposition des médiums et des outils variés afin d'éviter des représentations schématiques et figées :
– des pochoirs carrés, ronds, rectangulaires pour aider les premiers tracés ou répéter la forme ;
– des craies grasses, des encres et des brosses plates pour dessiner librement ;
– des bandes de papier, des rouleaux d'adhésif pour construire des cadres.

Pour les enfants, les fenêtres sont souvent les yeux de la maison. Elles permettent en effet de voir ou de supposer l'intérieur, elles montrent les personnages ou les objets qui s'exposent dans l'embrasure.

Interroger les élèves sur ce qu'il peut y avoir à l'intérieur de la maison et les laisser énumérer tous les possibles, des gens, des objets, des animaux.

Chercher des images dans des catalogues, les découper et les stocker dans une boîte. Dessiner ou coller ce que laisse apercevoir la fenêtre.

Réunir toutes les réalisations dans un panneau collectif.

FENÊTRES À VOLETS

Opérations plastiques
● Rabattre, plier,
● Dessiner, découper
● Coller

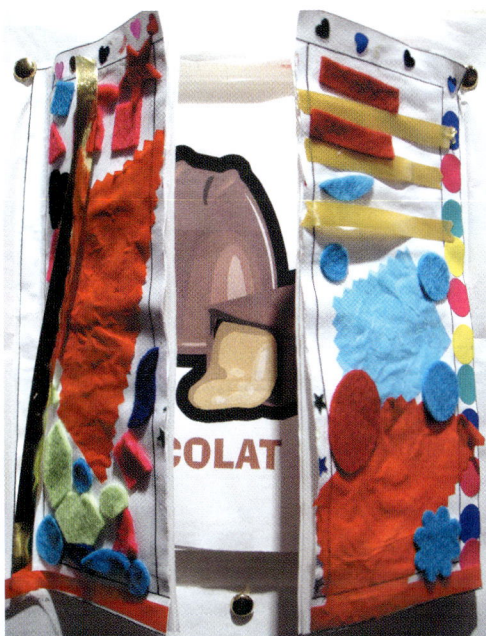

Ouverture sur l'intérieur, la fenêtre a des volets que l'on referme pour protéger son intimité. Montrer aux élèves comment rabattre vers le milieu puis plier les deux côtés d'une feuille de papier pour jouer à ouvrir et fermer la fenêtre.

Laisser chaque élève choisir l'objet qu'il préfère dans la maison (en général un objet affectif comme un doudou, un jouet) ou un autre qu'il aime particulièrement pour sa forme et sa couleur. Accepter aussi des choix surprenants, par exemple ci-contre un produit alimentaire très prisé des gourmands !

Le dessiner au milieu du support ouvert ou découper son image et la coller. Associer sa graphie pour les élèves de Grande Section.
Décorer librement les volets avec des feutres, des crayons, des gouaches, des gommettes, des bandes de papier…
Chaque enfant vient faire découvrir son dessin caché à ses camarades par un jeu de devinettes.

Les compositions individuelles sont agencées et réunies en panneaux collectifs avec des fonds différents.

FENÊTRES EN PAPIERS DÉCHIRÉS

Opérations plastiques
- Froisser
- Déchirer, fragmenter
- Coller

Réunir sur une table toutes sortes de papiers récupérés : papier journal, crépon, kraft, affiche, de soie…
Donner comme consigne aux élèves de construire une fenêtre sur un support grand format en utilisant seulement du papier et de la colle.

La plupart des élèves commencent par composer un rectangle ou un carré rempli de papier noir froissé ou de fragments juxtaposés. Ils traduisent une ouverture mystérieuse qui ne laisse pas voir à l'intérieur. Ils déchirent ensuite des bandes de papier coloré pour matérialiser le bâti, l'encadrement puis la croisée.
Ils collent des morceaux de papier dans l'espace restant pour figurer la façade.

Les élèves trouvent leurs fenêtres nues et tristes. Ils ont envie de les égayer, et chaque enfant a son idée.

EXPRESSION PERSONNELLE

À CHACUN SA FENÊTRE

Laisser chaque élève mener à bien son projet personnel en l'aidant simplement à trouver le matériau qui convient le mieux : napperon en dentelle ou papier de soie pour les rideaux, papier affiche pour les fleurs, carton léger pour les poissons et le chat.

LES PROCÉDÉS DES ARTISTES

La fenêtre a une fonction ambivalente : elle ouvre soit sur l'espace clos de la maison, soit sur l'extérieur. Les artistes l'ont souvent figurée dans des scènes d'intérieur, ouverte sur un paysage urbain ou de campagne comme un tableau dans le tableau.

Montrer des œuvres de Matisse qui aime peindre l'atmosphère intime des ateliers ou des pièces de vie ouverts sur une fenêtre ou un balcon. Citons, par exemple, *Intérieur aux aubergines*, *La Desserte rouge*, *Intérieur au violon*, *Intérieur, bocal de poissons rouges*, *Le silence habité des maisons*...

PIERRE BONNARD (1867-1947)

Pierre Bonnard, comme son ami Matisse, a souvent recours au stratagème de la fenêtre pour aménager l'espace qu'il veut restituer. Il nous raconte la vie quotidienne des gens dans leur intérieur en choisissant des objets familiers, banals. Ici, il ne se passe rien d'extraordinaire : un personnage à peine présent savoure sans doute un instant de repos sur le pas de la porte. La fenêtre vue de face donne de la profondeur à la pièce, nous invite à y pénétrer et à profiter du paysage.
L'intérieur et l'extérieur se fondent en un seul univers qui déborde de la toile.

PIERRE BONNARD, *FENÊTRE OUVERTE SUR VERNON*. HUILE SUR TOILE, 178 CM X 100 CM, MUSÉE DES BEAUX-ARTS, NICE.

RAOUL DUFY, *L'ATELIER DE L'IMPASSE GUELMA*, 1935-1952. HUILE SUR TOILE, 0,89 CM X 117 CM, MUSÉE NATIONAL D'ART MODERNE CENTRE GEORGES-POMPIDOU, PARIS.

RAOUL DUFY (1877-1953)

Sur des plages de couleurs douces, celles des murs de son atelier parisien, le peintre superpose son dessin. Il joue avec les ouvertures pour associer dans cette toile les notions d'intérieur et d'extérieur. Dans la partie gauche, les portes ouvertes se succèdent pour nous conduire vers la pièce du fond et, dans la partie droite, la fenêtre laisse entrevoir un paysage urbain. L'artiste choisit et met en scène ses objets préférés, le tapis d'Orient et sa palette posée sur le guéridon.

PABLO PICASSO (1881-1973)

La nature morte est une permanence dans le parcours de Picasso. Il combine inlassablement les objets. On retrouve ici la guitare associée à des pages de musique. La composition est très structurée : la fenêtre et son balcon en fer s'ouvrent sur la mer et le ciel bleus, la table et les objets semblent se coller dans l'embrasure. L'intérieur se superpose sur l'extérieur.

PABLO PICASSO, *NATURE MORTE DEVANT UNE FENÊTRE À SAINT-RAPHAËL*, 1919. CRAYON, GOUACHE, 30,5 CM X 22,5 CM, NATIONAL GALERIE, MUSEUM BERGGRUEN, BERLIN.

PAYSAGES À GLISSER DERRIÈRE UNE FENÊTRE

Opérations plastiques
- Dessiner, peindre
- Découper, coller

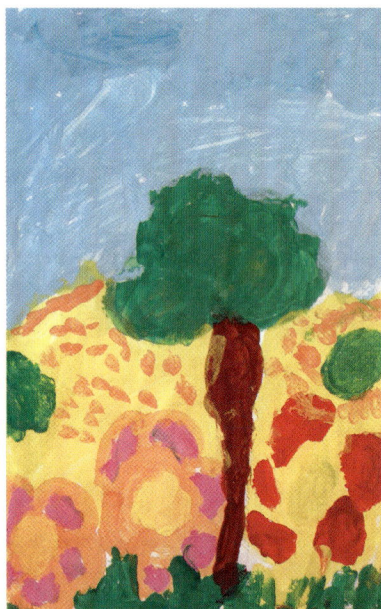

Les élèves ont envie de peindre à leur tour des paysages qui pourraient être vus depuis une fenêtre. Récupérer un emballage en carton de faible épaisseur et de format A4 minimum, ouvrir une fenêtre à rabats sur une de ses faces.
Distribuer à chaque enfant une feuille de papier rigide pour y peindre librement un paysage que l'on découvrira en le glissant dans la boîte et en ouvrant les volets.

Dessiner ou peindre directement avec de la peinture fluide ou épaisse, avec les doigts ou avec des pinceaux. Évoquer la mer, la campagne, la montagne ou la ville.

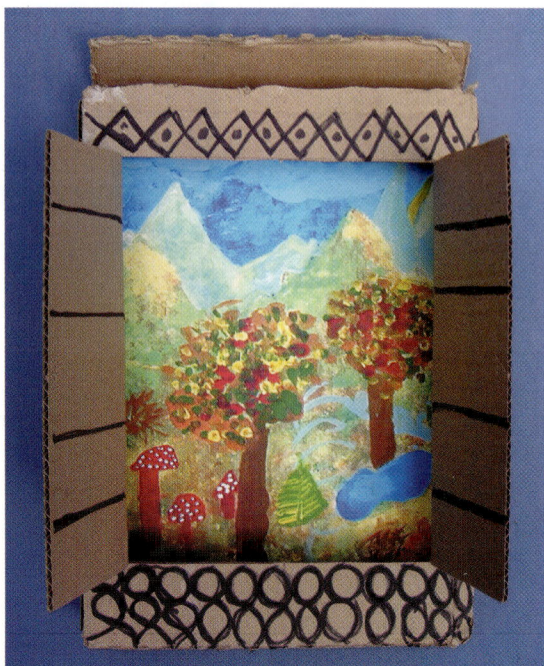

Varier les techniques pour s'exprimer sur le thème du paysage.

Peindre un fond à la peinture ou à l'encre, découper les éléments dans du papier affiche coloré.

Utiliser des végétaux entiers ou fragmentés.

Coller du papier froissé puis le peindre.

Associer des bonbons.

PAYSAGES FRAGMENTÉS

Les élèves veulent fabriquer leur propre fenêtre pour y admirer un paysage. Tout naturellement, ils reprennent le système du pliage de la feuille de papier, déjà expérimenté, pour créer des fenêtres à volets qui, cette fois, s'ouvrent sur l'extérieur.

Matérialiser la croisée avec un feutre noir et diviser la vitre en quatre, six ou huit carreaux.
Dans chaque espace, dessiner un ou plusieurs éléments du même paysage ou de paysages différents.
Évoquer également les occupations observées ou pratiquées à l'extérieur.
Colorier les dessins avec des feutres ou des crayons de couleur.

Réunir toutes les réalisations.
Tendre une ficelle horizontalement ou verticalement sur un mur de la classe.
Accrocher les fenêtres avec des épingles à linge pour exposer les paysages.

PAYSAGES ENTIERS

Opérations plastiques
- Délimiter, cadrer
- Dessiner
- Peindre, colorier
- Cerner, souligner, superposer

Demander aux élèves de tracer le cadre de la fenêtre avec un gros pinceau (ou une brosse plate) et de la peinture.
Y inscrire un paysage que l'on peut voir en entier.

Travailler avec des gouaches épaisses, directement avec les doigts ou avec des pinceaux pour obtenir des paysages peints de façon spontanée.

Poser des bandes de papier sans les coller pour matérialiser le châssis qui tient le vitrage. Observer que les vitres sont à présent fermées. Le paysage est cloisonné mais reste entier et cohérent.

Proposer ensuite de tracer à la peinture ou au feutre la croisée de la fenêtre sur des feuilles de papier blanc.

Imaginer un paysage que l'on doit reporter en entier.

Laisser chaque enfant choisir les outils et les médiums qu'il préfère pour s'exprimer : gouaches, encres et pinceaux, craies grasses, feutres ou crayons de couleur.

L'inciter à combiner les techniques : dessiner les éléments du paysage au crayon gris, les colorer à la peinture, avec des encres, des craies grasses ou des crayons de couleur, laisser sécher, repasser les contours à la craie grasse ou au feutre, ajouter des détails...

EXPRESSION PERSONNELLE

INTÉRIEURS

Les élèves ont observé comment les artistes traduisaient l'espace intérieur de la maison. La fenêtre n'est pas le seul élément figuré dans les compositions : des objets du quotidien trouvent également leur place, parfois même les habitants du lieu sont représentés vaquant à leurs occupations.
Laisser chaque élève traduire librement une scène d'intérieur qui peut éventuellement se dérouler le soir.

LE DEMI-RELIEF

Opérations plastiques
- Collecter, trier
- Agencer, juxtaposer
- Fixer

À l'école maternelle, les enfants dessinent ou peignent des maisons qui restent forcément à plat, sans profondeur.
Inviter les élèves à réaliser des architectures en demi-relief avec des matériaux hétéroclites à considérer comme des moyens d'expression.
Collecter des matériaux dont la forme convient pour bâtir une maison : des crayons, des craies, des pailles, des pinces à linge qui font penser aux planches ou aux rondins des bâtis en bois. Les agencer, les juxtaposer puis les fixer avec de la colle sur un support rigide.

On peut également réunir des matériaux aux formes géométriques que l'on assemblera comme des briques : échantillons de moquette, de linoléums, petits carrés de carrelage…

Mais on peut également réunir des matériaux plus inhabituels que les gourmands manipuleront avec la tentation de les goûter : des chewing-gums rectangulaires ou carrés, des Chamallow, des barres de chocolat, des morceaux de sucre, des biscuits…

Il est alors facile de passer au volume en construisant une maison qui rappelle celle en pain d'épice d'Hänsel et Gretel. On peut envisager de fixer les différents composants à la colle blanche ; on peut aussi organiser un atelier cuisine pour monter un gâteau en forme de maison et lier tous les ingrédients avec des sirops, des crèmes ou du miel.

LE VOLUME :
TRAVAIL INDIVIDUEL

Opérations plastiques
- Percer, découper
- Peindre, habiller
- Coller

Collecter des boîtes en carton de taille et de forme différentes. Les donner aux enfants les plus jeunes pour qu'ils enduisent chaque face d'une peinture épaisse, un mélange de gouache, de colle et de sable pour évoquer le crépi des façades. Les coiffer simplement d'un toit en papier décoré de graphismes.

Sélectionner des boîtes dont on peut soulever le couvercle pour le transformer facilement en toit pointu. Les distribuer aux élèves de Grande Section pour qu'ils dessinent les ouvertures sur les façades, la porte d'entrée et les fenêtres à simple rabat ou à deux volets.
Prévoir des poinçons pour piqueter le carton et l'évider ou aider les élèves avec un cutter que seul l'enseignant manipule, avec précaution.

Décorer librement la maison.

LE VOLUME :
TRAVAIL COLLECTIF

Se procurer un très gros carton, l'emballage d'un appareil ménager par exemple.
Dessiner les ouvertures, les évider, prévoir une grande porte pour que les enfants puissent facilement introduire des jouets dans la maison.

Enduire toutes les faces d'une couche de peinture blanche pour uniformiser la surface à décorer.
Recouvrir le toit avec des éléments dont la forme évoque celle des tuiles : des pétales de fleurs ou des feuilles séchées, des écorces… Ou inventer des toitures en paille, en mousse, en branches…

Habiller la façade avec des morceaux de papier, des pierres ou des briques découpés dans des catalogues de revêtements muraux ou coller des matériaux légers comme des morceaux de linoléum ou des carrés de liège. On peut également la recouvrir d'un enduit coloré, en mélangeant de la peinture, de la colle et des matériaux comme du sucre, du sable, du plâtre.

Peindre la porte, les volets.
Fabriquer des rideaux pour les fenêtres.

Installer la maison de poupée dans le coin jeu.

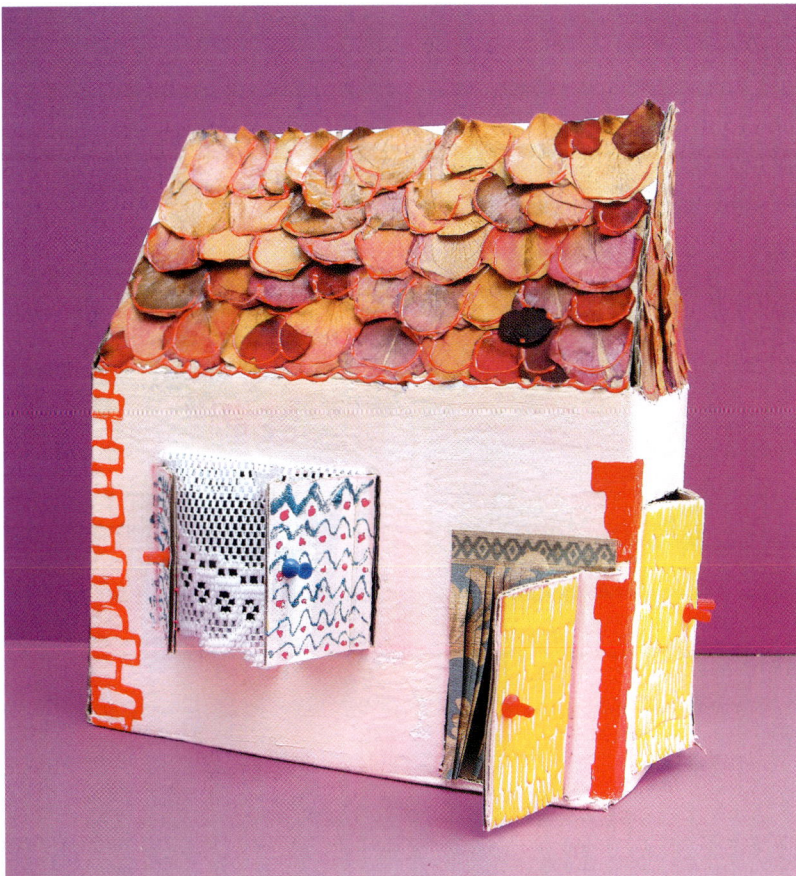

REPRÉSENTER LE VILLAGE

Les maisons se regroupent pour former des villes ou des villages, plus complexes à figurer pour de jeunes enfants.
Dans un premier temps, laisser les élèves les représenter librement avec les outils et les matériaux de leur choix : craies, gouaches, feutres.

Donner à voir toutes les réalisations individuelles pour constater les effets produits. Les maisons se superposent, s'alignent, ou les deux à la fois, et s'intègrent avec les éléments du paysage.

Elles restent souvent peu nombreuses et il en faudrait bien davantage pour rendre la notion de village. C'est le moment de consulter les œuvres des artistes pour y puiser des solutions.

LES PROCÉDÉS DES ARTISTES

Le village

PAUL KLEE (1879-1940)

L'artiste représente de mémoire ce qu'il vient de visiter. Il construit sa composition en trois plans. Dans la première zone, la plus large, il juxtapose des carrés lumineux, transparents, pour suggérer l'atmosphère colorée et dense des villes du Sud. Dans la deuxième bande, il précise par quelques traits l'architecture des maisons. La troisième est plus aérée et fait place au ciel bleu.

PAUL KLEE, *SAINT-GERMAIN PRÈS DE TUNIS*, 1914. AQUARELLE SUR PAPIER, 21,8 CM X 31,5 CM, MUSÉE NATIONAL D'ART MODERNE – CENTRE GEORGES-POMPIDOU, PARIS.

Paul Klee compose cet autre paysage urbain sur un fond aux couleurs délicates et aux variations subtiles. Il structure la toile en bandes successives et représente l'espace à plat, sans perspective. Il juxtapose les façades des maisons dont il trace avec précision les détails architecturaux.
La ville se déroule comme une partition musicale et s'ouvre sur un paysage saturé de fins graphismes.

PAUL KLEE, *VILLAS FLORENTINES*, 1926.
HUILE SUR CARTON, 49 CM X 36 CM,
MUSÉE NATIONAL D'ART MODERNE
CENTRE GEORGES-POMPIDOU, PARIS.

CHAÏM SOUTINE (1893-1943)

Sans se soucier d'être fidèle à l'observation du motif, Soutine nous donne une vision chaotique du village. Il accumule les maisons, les resserre, les tord, les relie dans un fond à la matière picturale épaisse. Il brosse à coups de pinceau nerveux un ensemble architectural compact qui se détache sur une mince bande de ciel tourmenté.

CHAÏM SOUTINE, *LES MAISONS*. HUILE SUR TOILE, 58 CM X 92 CM, MUSÉE DE L'ORANGERIE, PARIS.

CAMILLE PISSARRO (1830-1903)

Le peintre ordonne les éléments de sa composition sur plusieurs plans. Au premier plan, les champs et les arbres, bien détaillés, contrastent avec les maisons à peine esquissées du second plan. Les habitations semblent se fondre dans le paysage peint derrière elles. Au fond, le ciel bleu pâle accentue l'effet de profondeur.

CAMILLE PISSARRO, *LES TOITS ROUGES, COIN DE VILLAGE, EFFET D'HIVER*. HUILE SUR TOILE, 187 CM X 65 CM, MUSÉE D'ORSAY, PARIS.

APPROFONDISSEMENTS

RÉUNIR LES MAISONS :
TRAVAIL COLLECTIF

Opérations plastiques
- Dessiner, colorier, peindre
- Découper, coller
- Juxtaposer, aligner
- Étager, séparer
- Relier

Organiser plusieurs ateliers pour juxtaposer des maisons en essayant des techniques variées.

Peindre à tour de rôle des maisons, les juxtaposer. Unifier la composition par un remplissage graphique.

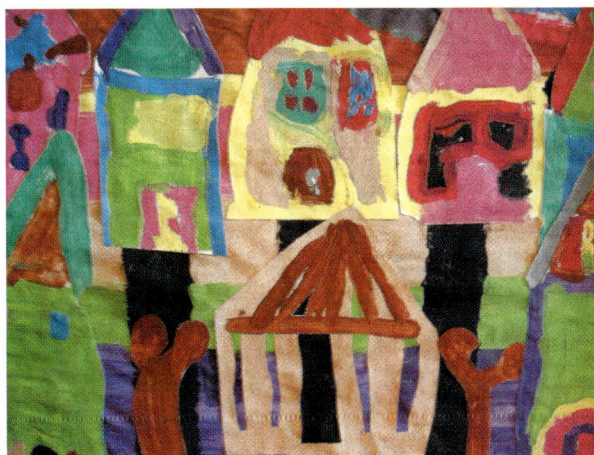

Peindre des maisons sur un grand support en papier. Ajouter, superposer d'autres maisons peintes puis découpées pour produire un effet de saturation.

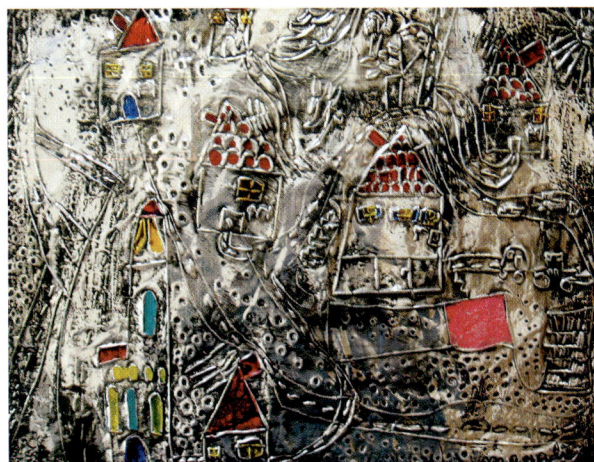

Sur du papier ou du métal repoussé, dessiner des maisons puis les relier par des chemins.

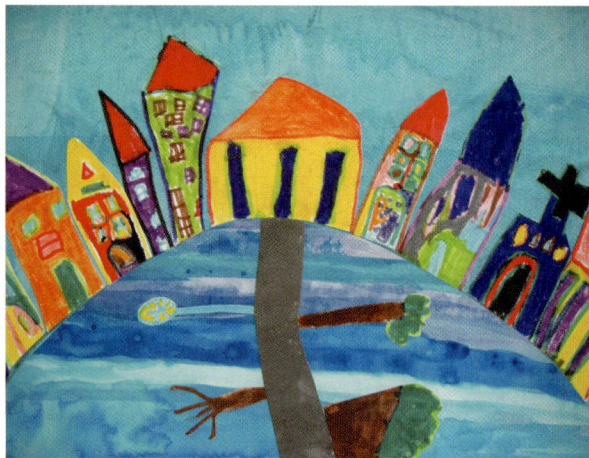

Tracer un axe sur lequel on aligne des bâtiments différents que l'on dessine puis que l'on colorie.

Peindre d'abord un paysage en fond, dessiner puis découper les maisons avant de les aligner sur un axe.

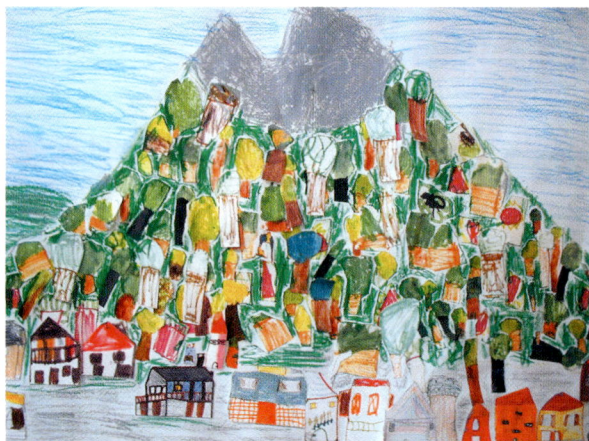

Tracer, colorier un paysage en fond. Dessiner ou coller des maisons au premier plan.

Travailler sur des plans successifs pour obtenir un effet de profondeur.

MISE EN VALEUR DES PRODUCTIONS

Organiser une exposition dans l'école qui permettra aux élèves de toutes les classes et à leurs parents d'admirer l'ensemble des productions sur le thème de la maison.
Trier toutes les productions.

Rechercher des dispositifs variés en fonction de l'espace : affichage mural de panneaux, suspension de travaux sur des fils tendus, installation de volumes sur des socles, présentation sur de petites tables d'albums réunissant les réalisations qui n'ont pas pu être affichées.

Associer les reproductions des artistes et les œuvres des élèves.

Composer une affiche avec un groupe d'élèves pour annoncer l'exposition ; c'est l'occasion de s'intéresser à un type d'écrit bien particulier. Concevoir une maquette en agençant et en collant le texte et les images puis la photocopier en couleurs au format A3.
Si c'est possible, installer l'exposition dans un lieu extérieur à l'école pour toucher un plus large public.

INTERDISCIPLINARITÉ

QUELQUES IDÉES D'ACTIVITÉS INTERDISCIPLINAIRES AUTOUR DU THÈME DE LA MAISON : UNE OU PLUSIEURS PISTES À CHOISIR JUDICIEUSEMENT

Le langage au cœur des apprentissages

● Enrichir le vocabulaire spécifique à l'architecture de la maison : nommer et qualifier les constituants, les matériaux utilisés
● Décrire et comparer des maisons différentes
● Différencier l'intérieur et l'extérieur de la maison
● Consulter des albums, des documentaires sur la maison
● Apprendre une poésie sur le thème de la maison :
Collages de Jean Rivet,
L'École de Jacques Charpentreau

● Utiliser le vocabulaire spécifique aux arts visuels (savoir dire les opérations plastiques menées)
● Parler de son travail et de celui des autres pour dégager des constats
● Établir des rapprochements entre une œuvre d'artiste et sa production personnelle

Découvrir le monde

DÉCOUVERTE DE DIFFÉRENTS MILIEUX
● Découverte et observation du quartier, de la ville et des constructions humaines
● S'intéresser à d'autres types de maisons dans le monde
● Connaître les maisons des animaux, celles qu'ils bâtissent eux-mêmes, celles que l'homme leur construit

REPÉRAGES DANS L'ESPACE
● Coder un déplacement

LE TEMPS QUI PASSE
● Découvrir des objets ou des réalités du passé

LA VOIX ET L'ÉCOUTE
● Apprendre la chanson d'Anne Sylvestre
J'ai une maison pleine de fenêtres
● Enregistrer les bruits de la ville : les réécouter, les reconnaître, les bruiter avec la voix et avec des matériaux variés

Gros plan sur la découverte du monde

LE QUARTIER

Organiser une sortie dans le quartier ou dans la ville pour que les élèves portent un nouveau regard sur l'espace qui les entoure, et enrichissent les perceptions qu'ils en ont.
Reconnaître d'abord le parcours et prévoir plusieurs haltes dans des endroits sans danger où la classe pourra se livrer à un travail d'observation.

Préparer le matériel nécessaire. Équiper chaque observateur d'un support rigide (carton, plaquette de bois…), de pinces ou d'épingles à linge pour tenir les feuilles de dessin, d'un crayon gris ou d'un feutre. Emporter un appareil photo.

Cheminer sur le parcours et attirer l'attention des enfants sur les bruits, les odeurs, les bâtiments identifiables, la place de la végétation.

À chaque halte prévue, délimiter l'espace à observer. Le décrire, le dessiner, le photographier en vue d'ensemble.

Lors d'une autre séance, regarder les dessins des élèves et les photographies, les associer. Essayer de les mettre en ordre pour retracer le trajet parcouru.

Choisir plusieurs points d'intérêt caractéristiques de la ville (par exemple le pont, le clocher, l'école…) pour les traduire plastiquement en ateliers. Les regrouper sur un panneau mural pour afficher les facettes de la ville.

Le point de départ, l'école.

Les maisons du quartier.

Gros plan sur la découverte du monde

Un chalet.

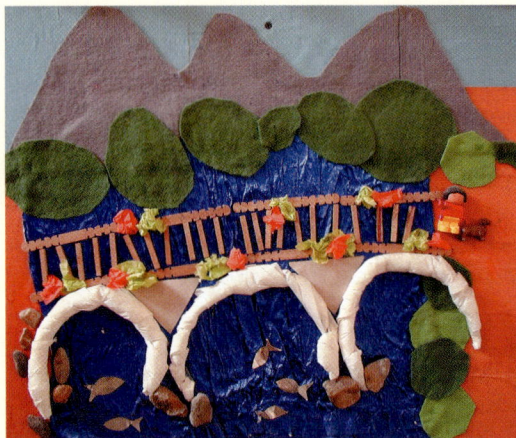
Le pont et la rivière.

L'église.

La vieille tour.

Une vue d'ensemble du quartier.

Gros plan sur la découverte du monde

S'approprier un objet du patrimoine

Il y a sûrement dans la ville un monument qui appartient au passé, une maison à colombages, une tour, un lavoir, un pont, un cloître, une église, un château...

Sélectionner un élément du patrimoine local qui n'a pas forcément un intérêt esthétique mais qui est susceptible d'éveiller la curiosité des élèves par son caractère inhabituel.

Observer son emplacement, décrire ses caractéristiques, sa forme, les matériaux qui le constituent, mémoriser son nom, envisager des hypothèses sur sa fonction. À quoi pouvait-il servir autrefois et à qui ?

Le dessiner, le photographier en vue d'ensemble puis en choisissant des détails.

De retour en classe, donner à voir tous les croquis pour apprécier la diversité des points de vue et d'intérêt.

Ici, six dessins qui traduisent des visions différentes d'un même monument (un cloître).

Dans un second temps, le peindre sur une feuille de papier. Coller la peinture sur un support plus grand et travailler autour de l'image en associant des graphismes de détail et l'écriture du nom du monument.

Gros plan sur la découverte du monde

Associer l'ensemble et le détail

Trier les photographies prises par l'enseignant et les élèves.
Retenir celles qui présentent des détails du monument. Les photocopier en noir et blanc.
Distribuer les photocopies aux élèves de Moyenne et de Grande Section pour qu'ils les agencent librement sur un support en grand format. Poser et coller leur peinture de l'architecture vue d'ensemble sur le fond pour produire un encadrement très contrasté.

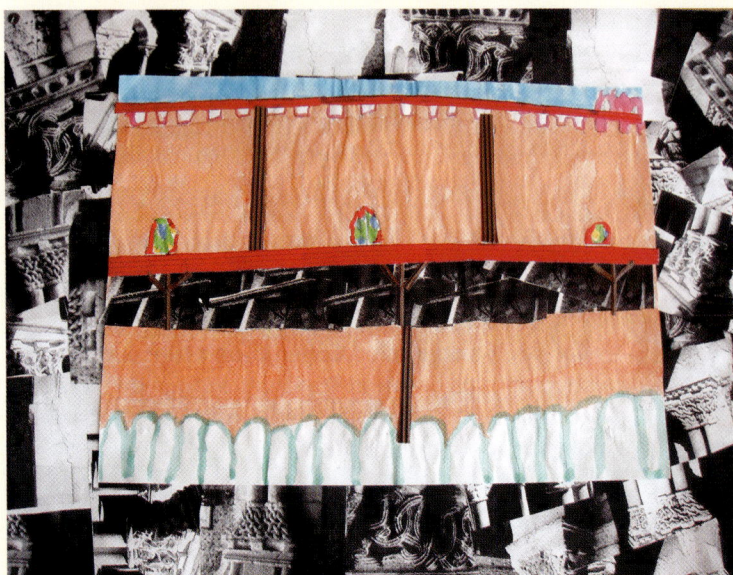

Ménager, s'ils le souhaitent, une ouverture dans la peinture pour faire apparaître les images collées dessous.

Produire un documentaire

Pour les élèves de Grande Section, réunir de la documentation sur l'objet patrimonial à l'étude, des livres illustrés, des cartes postales, des brochures touristiques, un texte qui raconte sa légende.

Lire les informations et les comparer avec les hypothèses formulées par les enfants lors de la visite.

Reformuler tout ce que l'on sait sur le monument, composer un texte écrit ou tapé par l'enseignant, illustré par les élèves avec leurs dessins et leurs photographies.

Faire découvrir le monument à une autre classe en lui racontant son histoire présentée sur un panneau ou sur une longue bande de papier à dérouler ou à déplier.

Des maisons extraordinaires

Il serait dommage de ne pas montrer aux élèves des maisons originales qui peuvent enrichir et diversifier leurs représentations.

Les albums de Kveta Pacovska et ceux de Claude Ponti, les dessins animés de Hayao Miyazaki (*Le Château dans le ciel, Le Château ambulant*) sont illustrés de maisons de toutes sortes, d'architectures imaginaires qui étonnent et font rêver.

Au début du XXe siècle, le célèbre architecte catalan Antonio Gaudí a conçu à Barcelone des habitations modernistes pour de riches particuliers.
La façade de la casa Batlló est recouverte d'une magnifique céramique bleutée et son architecture raconte la légende de saint Georges et du dragon. Celle de la casa Milà s'inspire du bord de mer, elle ressemble à une vague et les balustrades en fer des balcons à des amas d'algues. Les toits des deux pavillons du parc Güell, avec leur rambarde crénelée et leur coupole, sont des trésors d'ingéniosité. L'œuvre de Gaudí influencera un grand nombre d'artistes.

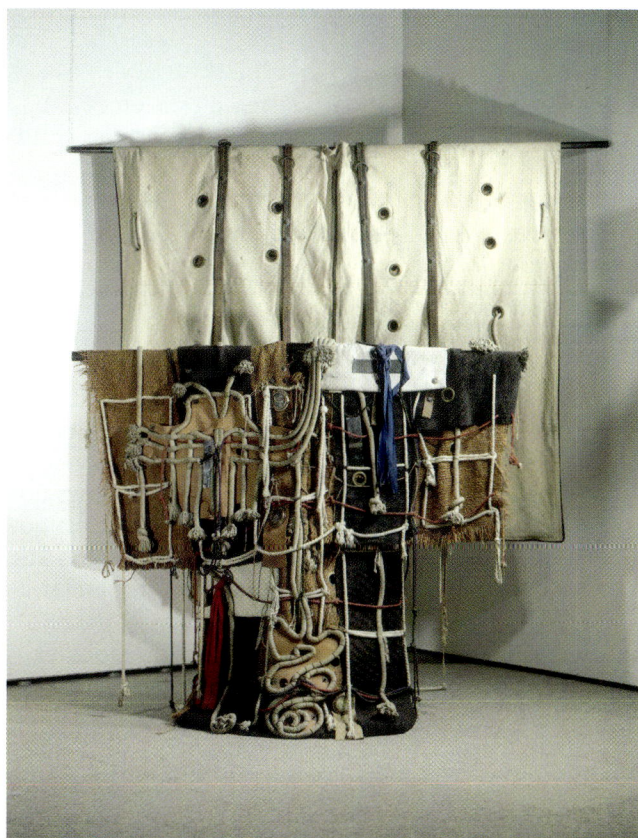

Étienne-Martin est né en 1913 à Loriol, dans la Drôme.
La maison de son enfance est la source d'inspiration de son travail de sculpteur. Il taille des demeures, grandes ou petites, dans le bois, la pierre, le plâtre, joue avec le plein et le vide, avec la notion de passage. Il fabrique de lourds manteaux d'apparat avec des textiles et des cordages, de vrais labyrinthes avec des chemins, des couloirs, des ouvertures, des sortes d'enveloppes qui pourraient être des maisons.

ÉTIENNE-MARTIN, *LE MANTEAU, TITRE ATTRIBUÉ : DEMEURE 5,* 1962. TISSUS, PASSEMENTERIES, CORDES, CUIR, MÉTAL, ENVELOPPE EN TOILE DE BÂCHE ET CUIR, MUSÉE NATIONAL D'ART MODERNE CENTRE GEORGES-POMPIDOU, PARIS.

Niki de Saint-Phalle et son compagnon Jean Tinguely bâtissent en 1966, à Stockholm, une *Nana* géante, couchée sur le dos, jambes repliées. Ils la baptisent *Hon*, ce qui signifie « Elle », en suédois. Cent mille personnes viennent visiter l'intérieur aménagé de cette étonnante architecture qui sera détruite comme prévu au bout de trois mois.

En 1985, inspirés par le génial Gaudí, les deux plasticiens entreprennent la construction du *Jardin des Tarots* dans le sud de la Toscane en Italie.
C'est un ensemble de 22 sculptures monumentales représentant les figures du jeu de cartes. Elles sont recouvertes de mosaïques et de miroirs et certaines sont habitées.

Pendant douze ans, de 1962 à 1974, Jean Dubuffet fragmente la surface de ses toiles en cases qu'il cerne d'un graphisme noir et qu'il peint ou hachure de couleurs vives. Cette écriture du cycle dit de « L'Hourloupe » va proliférer puis envahir d'autres supports, ceux des sculptures puis ceux des architectures.
L'artiste installe la *Closerie Falbala* à Périgny-sur-Yerres, dans le Val-de-Marne, une construction de 1 600 m², en béton et résine, qui ondule au milieu de la nature. Elle abrite la *villa Falbala* et son Cabinet logologique, des lieux au nom mystérieux, des espaces envoûtants, aux murs intérieurs et extérieurs remplis du fameux motif hourloupien.

Influencé par Gaudí, l'excentrique Friedensreich Hundertwasser, plasticien et architecte, dessine, peint ou construit des maisons très colorées, aux façades courbes entrelacées de végétaux.
Il traduit sa vision écologique du monde et met l'accent sur l'harmonie entre la nature et l'architecture. L'immeuble *Hundertwasserhaus* réalisé à Vienne en 1983 est l'édifice le plus visité d'Autriche.

L'architecte américain Frank Gehry conçoit en 1991 les plans du Musée Guggenheim de Bilbao, un édifice qui ignore résolument les lignes droites et les matériaux classiques. Frank Gehry imagine aussi des maisons originales, surprenantes et dessine également du mobilier design.

FRANK GEHRY, *MAISON DANSANTE*
OU *MAISON FRED ET GINGER*,
PRAGUE, RÉPUBLIQUE TCHÈQUE, 1996.

Bibliographie

AUTOUR DE LA PÉDAGOGIE DES ARTS VISUELS

Daniel Lagoutte, *Enseigner les arts visuels*, Hachette Éducation, coll. « Pédagogie pratique », 2002.

Nicole Morin, Ghislaine Bellocq, *Des techniques au service du sens*, CRDP Poitou-Charentes, 2004.

Élisabeth Doumenc, *50 activités pour développer la sensibilité, l'imagination, la création à l'école maternelle*, CRDP Midi-Pyrénées, 2006.

Élisabeth Doumenc, *5 parcours pour la maternelle*, Hachette Éducation, coll. « Pas à Pas en arts plastiques », 2006.

AUTOUR DU THÈME DE LA MAISON

Des outils pour la classe

Documentaires

Bénédicte Gourdon, Roger Rodriguez, Martin Jarrie, *Signes de maisons*, Thierry Magnier, coll. « Signes », 2003.

Maisons du monde, PEMF, coll. « Photimages », 2005.

J'habite ici, Milan Jeunesse, coll. « Le tour du monde », 2006.

Albums

Delphine Durand, *Ma maison,* Éditions du Rouergue, 2002.

Hugues Paris, Nina Blychert, *La Maison de loup*, Éditions du Rouergue, 2005.

Maïté Laboudigue, *Ma maison,* PEMF, coll. « Histoire de mots », 2004.

Kveta Pacovska, *Un livre pour toi*, Seuil jeunesse, 2004.

Phyllis Root, Delphine Durand, *La Maison de Lulu*, Père Castor-Flammarion, coll. « Albums cartonnés », 2005.

Jeux

Ensemble de jeux et de jouets éducatifs, maisons de poupées, briques et cubes de construction géants, puzzles et lotos sur le thème de la maison (Bourrelier Maternelle, 2008).

Des ouvrages pour l'enseignant

« À la maison », *L'Atelier des images*, septembre 2003, n° 36, Nathan.

« Drôles de maisons », *L'Atelier des images*, mars 2007, n° 54, Nathan.

SITES INTERNET

Réalisations de Gaudí : http://www.gaudi2002.bcn.es/

Le jardin des tarots de Niki de Saint-Phalle : karaart.com/saint.phalle/tarots/fr/cartes.html

La *Closerie Falbala* de Jean Dubuffet : www.dubuffetfondation.com

Constructions et des peintures de Hundertwasser : http://www.hundertwasser.at/ www.hundertwasser.web-log.nl/

Demeures d'Étienne-Martin : www.bi.adagp.fr

TABLE DES SÉANCES

Imprimé en France par I.M.E

Dépôt légal : mars 2008 - Collection 37 - édition 01

17/1097/9